Música 1 PRIMARIA

El libro **Música** para 1.º de PRIMARIA
es una obra colectiva concebida, diseñada
y creada en el departamento de Ediciones
Educativas de Santillana Educación, S. L.,
dirigido por **Enrique Juan Redal**.

En su elaboración han participado:
Miguel Ángel de la Ossa Rebollo
María Larumbe Martín

ILUSTRACIÓN
Enrique Lorenzo
Santiago Lorenzo

EDICIÓN
Eva Herrero González

DIRECCIÓN DEL PROYECTO
Antonio Luis Alarcón

DIRECCIÓN Y COORDINACIÓN EDITORIAL
1.er CICLO-PRIMARIA
Maite López-Sáez Rodríguez-Piñero

Proyecto **Los Caminos del Saber**

Santillana

Índice

* Competencias básicas que se desarrollan principalmente con las actividades propuestas en cada sesión. La competencia de tratamiento de la información y competencia digital se trabaja específicamente con los recursos incluidos en la PDI.

Sesión	Bloques de contenidos: Escucha	Bloques de contenidos: Interpretación y creación	Propuestas musicales	Repaso	Competencias básicas*
9 El latido de la música 24	El pulso. Audición de música de distintas épocas y estilos.	Sonorización de un cuento. Interpretación vocal. Movimiento y expresión corporal.	Cuento *El latido de la música.* Canción *Debajo un botón.*	3	Conocimiento e interacción con el mundo físico. Competencia matemática.
10 ¿Qué es? 26	El timbre. Agudo y grave. Grafías no convencionales. Instrumentos populares.	Interpretación vocal. Interpretación de rimas y retahílas con acompañamiento de objetos sonoros.	Canción *¿Qué es?*	9	Competencia en comunicación lingüística. Competencia cultural y artística.
11 Do, re, mi 28	Los nombres de las notas.	Interpretación vocal. Interpretación instrumental con grafías no convencionales.	Canción *Do, re, mi.*	10	Competencia en comunicación lingüística. Competencia matemática.
12 El carnaval de los animales 30	Instrumentos de la orquesta: xilófono, contrabajo y flauta. Audición de obras de música clásica.	Acompañamiento con percusión escolar. Creación de acompañamientos rítmicos.	*El elefante, Los fósiles* y *Los pájaros* de *El carnaval de los animales,* C. Saint-Saëns.	11	Competencia cultural y artística. Competencia en comunicación lingüística.
13 Paseo en trineo 32	Estructura de una pieza musical. Audición de obras de música clásica.	Movimiento y expresión corporal. Acompañamiento con percusión escolar.	*Kerhaus,* fragmento de *Paseo en trineo,* L. Mozart.	12	Autonomía e iniciativa personal. Competencia social y ciudadana.
14 Eco, ¿dónde estás? 34	Forma musical A-A'.	Interpretación vocal. Interpretación de rimas y retahílas en forma de eco.	Canción *Eco, ¿dónde estás?*	10, 12	Conocimiento e interacción con el mundo físico. Competencia para aprender a aprender.
15 Danza húngara 36	Lento, normal, rápido. Audición de obras de música clásica.	Movimiento y expresión corporal. Exploración de las posibilidades expresivas de la voz.	Danza húngara n.º 5, J. Brahms.	14	Competencia cultural y artística. Conocimiento e interacción con el mundo físico.
16 La negra y su silencio 38	La negra y su silencio. Representación convencional.	Interpretación vocal. Acompañamiento con percusión escolar. Interpretación de rimas y retahílas.	Canción *La negra y su silencio.*	15	Competencia en comunicación lingüística. Competencia matemática.
REPASO TRIMESTRAL 2 **No le daba el sol** 40	Repaso de contenidos y prácticas musicales del segundo trimestre.		Canción *No le daba el sol.*	Sesiones 9 a 16.	Autonomía e iniciativa personal. Competencia para aprender a aprender.

* Competencias básicas que se desarrollan principalmente con las actividades propuestas en cada sesión. La competencia de tratamiento de la información y competencia digital se trabaja específicamente con los recursos incluidos en la PDI.

Sesión	Bloques de contenidos: Escucha	Bloques de contenidos: Interpretación y creación	Propuestas musicales	Repaso	Competencias básicas*
17 La escala musical 42	La escala musical. Escalas ascendentes y descendentes.	Sonorización de un cuento. Interpretación de rimas y retahílas.	Cuento *La escala musical.*	3, 16	Conocimiento e interacción con el mundo físico. Competencia en comunicación lingüística.
18 La clave de sol 44	La clave de sol. Escalas ascendentes y descendentes.	Interpretación vocal.	Canción *La clave de sol.*	11, 17	Competencia en comunicación lingüística. Competencia matemática.
19 El desfile musical 46	Instrumentos de la orquesta: clarinete, violín y trompeta. Audición de obras de música clásica.	Acompañamiento con percusión escolar.	Marcha de *El cascanueces,* P. I. Chaikovski.	18	Competencia cultural y artística. Competencia para aprender a aprender.
20 El pentagrama 48	El pentagrama. Notas en líneas o en espacios.	Interpretación vocal. Creación de acompañamientos rítmicos.	Canción *El pentagrama.*	12, 19	Competencia en comunicación lingüística. Competencia para aprender y aprender.
21 Fiesta en la granja 50	Onomatopeyas de animales.	Interpretación vocal. Exploración de las posibilidades expresivas de la voz.	Canción *Fiesta en la granja.*	20	Competencia social y ciudadana. Conocimiento e interacción con el mundo físico.
22 El baile popular 52	Audición de músicas del repertorio tradicional.	Movimiento y expresión corporal. Interpretación vocal.	Danza *El baile popular.*	21	Competencia social y ciudadana. Competencia cultural y artística.
23 Vamos de acampada 54	Sonidos del entorno.	Sonorización de secuencias de imágenes. Posibilidades expresivas de la voz.	Serie de sonidos del entorno.	16, 21	Autonomía e iniciativa personal. Conocimiento e interacción con el mundo físico.
24 El amor de las tres naranjas 56	Música y plástica. Audición de obras de música clásica.	Sonorización de una narración basada en una obra musical. Interpretación con grafías no convencionales.	*El amor de las tres naranjas,* S. Prokofiev.	14, 16, 18, 20	Competencia cultural y artística. Autonomía e iniciativa personal.
REPASO TRIMESTRAL 3 **Don Melitón** 58	Repaso de contenidos y prácticas musicales del tercer trimestre.		Canción *Don Melitón.*	Sesiones 17 a 24.	Competencia social y ciudadana. Competencia para aprender a aprender.

* Competencias básicas que se desarrollan principalmente con las actividades propuestas en cada sesión. La competencia de tratamiento de la información y competencia digital se trabaja específicamente con los recursos incluidos en la PDI.

Escuchar el silencio

1 Escucha e interpreta esta historia.

Actividad 1: Cuento *Escuchar el silencio*. Disco 1, pista 2(*). Sonidos del cuento. Disco 1, pista 3. • **Contenidos:** Sonido y silencio. Sonidos del entorno.
(*) Todas las referencias musicales hacen alusión al CD del profesor.

2 Observa y repasa.

sonido ●   silencio Z

sonido ○   silencio Z

3 Completa e interpreta estas series.

●	●	●	●	○	○	○	○
●	●	Z	Z	○	○	Z	Z
●	Z	●	Z	○	Z	○	Z

4 Completa con ● o Z.

Z

El gato y el gallo

1 Aprende la canción.

Actividad 1: *El gato y el gallo*. Disco 1, pista 4. Base musical. Disco 1, pista 5. • Contenidos: Sonidos del entorno. Onomatopeyas de sonidos.

2 Numera según el orden de audición.

3 Colorea e interpreta la secuencia.

4 Completa con ● o Z.

Actividad 2: Sonidos del entorno. Disco 1, pista 6.

Tatatachín, el director bailarín

1 Escucha y baila. Después, rodea los personajes que hacen percusión corporal.

fuerte

suave

Actividad 1: Fragmento de I movimiento de la Sinfonía n.º 5, L. v. Beethoven. **Disco 1, pista 7.** • **Contenidos:** Fuerte y suave. Percusión corporal.

2 Completa con ● o •.

fuerte

fuerte

suave

suave

3 Escucha y acompaña fuerte o suave con percusión corporal.

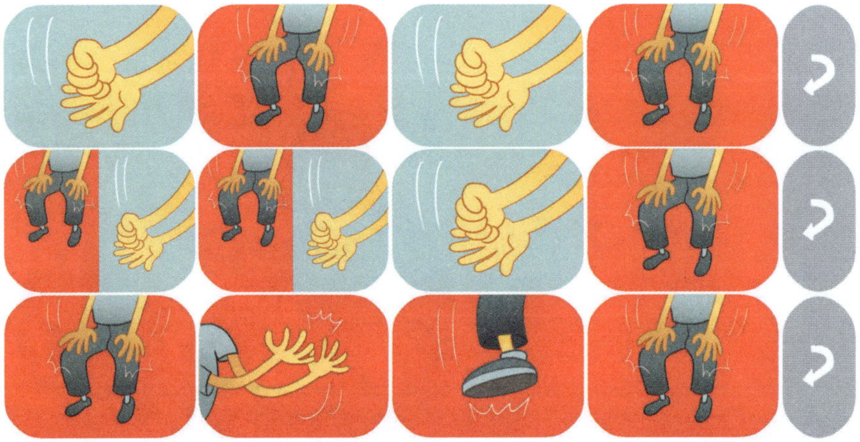

4 Completa e interpreta.

Suave suena el clarinete:
du-a, du-a, du-a, de-te.

Y también lo hace el violín:
ñi-gu, ñi-gu, ñi-gu, ñi.

Algo más fuerte el tambor:
pom, pom, pom, pom.

Y la trompeta mucho más:
ta-ra-ra, ta-ra-ra.

Actividad 3: Fragmento de IV movimiento de la Sinfonía n.º 40, W. A. Mozart. Disco 1, pista 8.

Ya llega el otoño

1 Escucha y canta. Después, rodea los personajes que intervienen en la canción.

Ya llega el otoño, pronto lloverá,
las setas del bosque crecerán.

Ya llega el otoño, sopla el vendaval,
las hojas del árbol se caerán.

Ya llega el otoño, el fresco empieza ya,
los días son más cortos, te tienes que abrigar.

Ya llega el otoño, los pájaros se van,
buscando otros lugares para veranear.

Actividad 1: *Ya llega el otoño.* Disco 1, pista 9. Base musical. Disco 1, pista 10. • Contenidos: La voz y sus posibilidades expresivas.

2 Colorea e indica el orden de audición.

3 Completa con ●, • o z y practica.

Con mi cuerpo en movimiento
formo todo un instrumento.

Sue-na fuer-te con los pies.

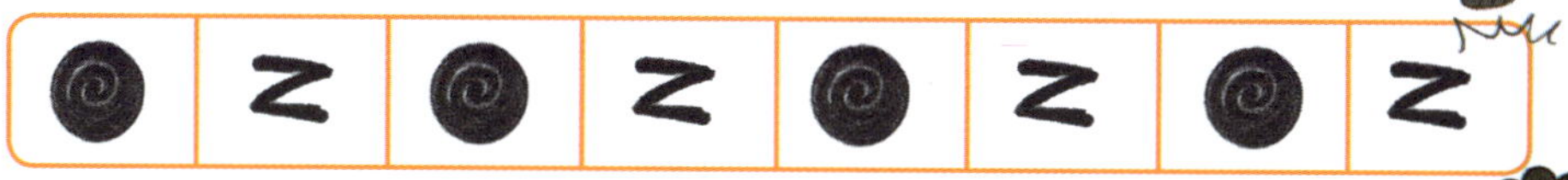

De pun-ti-llas, al re - vés.

Con los de-dos si-len-cio-so.

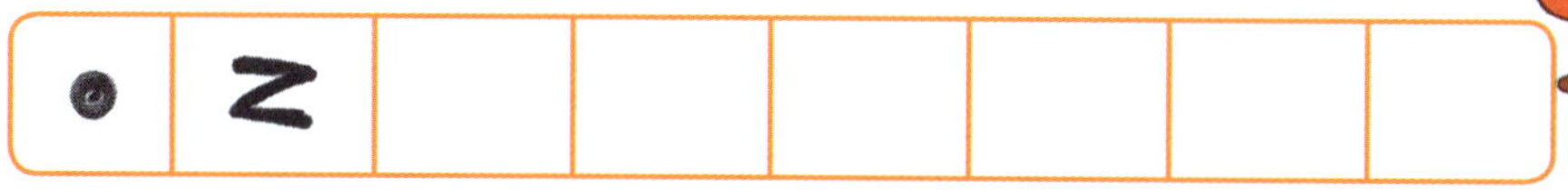

Con las ma-nos muy rui-do-so.

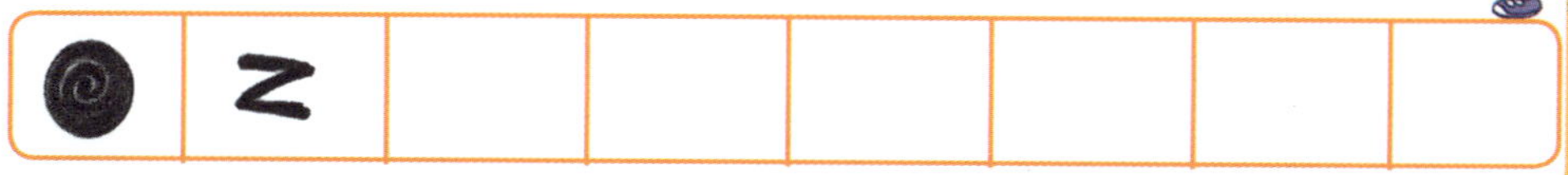

Actividad 2: Posibilidades de la voz. Disco 1, pista 11.

La mar estaba salada

1 Escucha y aprende la canción. Después, completa con —— o –.

largo ——

corto –

Actividad 1: *La mar estaba salada.* Disco 1, pista 12. Base musical. Disco 1, pista 13. • Contenidos: Largo y corto.

2 Escucha y completa con —— o –.

largo ——

corto

largo

largo

corto

largo

3 Completa y acompaña la canción.

La mar es-ta-ba sa-la-da,

sa-la-da es-ta-ba la mar.

La mar es-ta-ba sa-la-da,

sa-la-da es-ta-ba la mar.

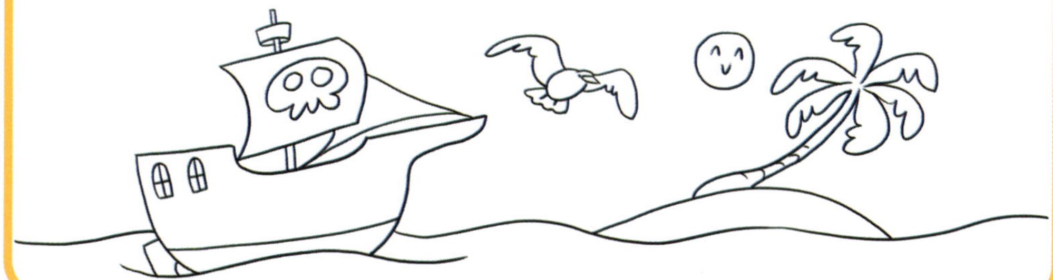

Actividad 2: Sonidos cortos y largos. Disco 1, pista 14.

Actividad 3: Base musical. Disco 1, pista 13.

La marcha del león

1 Escucha y aprende esta danza.

Actividad 1: *Marcha real del león* de *El carnaval de los animales*, C. Saint-Saëns. Disco 1, pista 15. • Contenidos: Movimiento y expresión corporal.

2 Escucha, colorea y completa con  o .

3 Copia e interpreta estas series. Después, inventa la última.

▬	▪	▬	▪

▪	▬	▬	▪

▬	▪	▪	▬

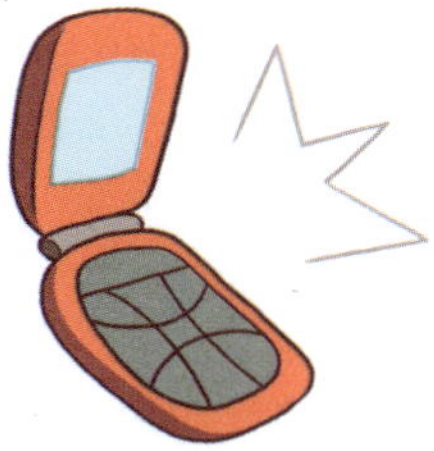

Actividad 2: Sonidos de la selva. Disco 1, pista 16.

Los instrumentos de percusión

1 Escucha los instrumentos de percusión y rodéalos en el dibujo.

pandero

maracas

claves

triángulo

cascabeles

Actividad 1: *Los instrumentos de percusión.* Disco 1, pista 17. Base musical. Disco 1, pista 18 • Contenidos: Instrumentos del aula.

2 Construye una maraca-rascador con los siguientes materiales.

3 Prueba a tocar de diversas formas tu maraca-rascador.

4 Copia y acompaña la canción con tu maraca-rascador.

—	—	z	z

z	z	- -	—

5 Inventa otro acompañamiento para la canción.

Actividades 4 y 5: *Tres hojitas, madre.* Disco 1, pista 19.

La danza china

1 Sigue el musicograma e interpreta.

Actividad 1: *Danza china* de *El cascanueces*, P. I. Chaikovski. Disco 1, pista 20. • Contenidos: Audición activa.

2 Escucha y baila.

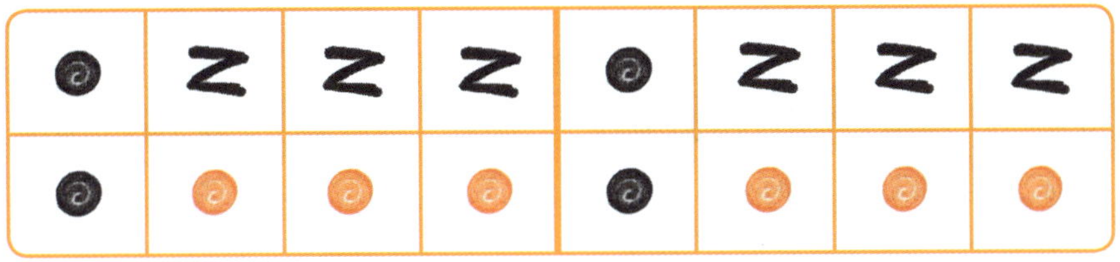

3 Numera según el orden de audición y completa con ▬▬ o ▬.

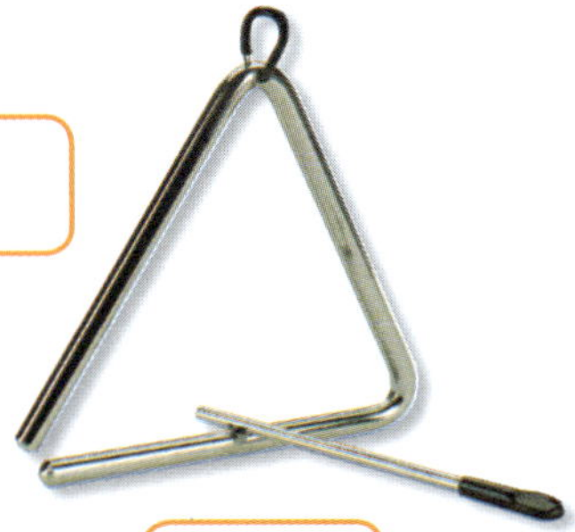

1

▬▬

Zúmbale al pandero

1 Aprende la canción y rodea los instrumentos que hay en el dibujo.

Zumba, zúmbale al pandero,
al pandero y al rabel,
toca, toca la zambomba,
dale, dale al almirez.
¡Dale, dale al almirez!

Actividad 1: *Zúmbale al pandero.* Disco 1, pista 23. Base musical. Disco 1, pista 24. • Contenidos: Repaso.

2 Acompaña el villancico.

—	Z	—	Z
—	—	—	Z

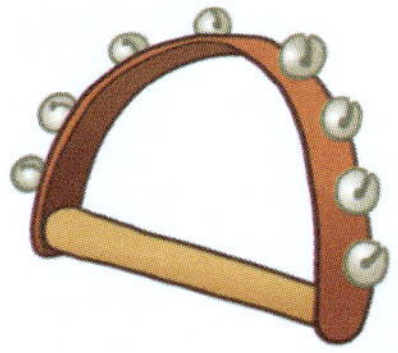

- -	- -	—	- -
—	- -	—	Z

3 Escribe el sonido que hace cada uno.

cantar palmas silbar

4 Numera según el orden de audición.

Actividad 2: Base musical. Disco 1, pista 24.

Actividad 3: La intensidad. Disco 1, pista 25.

2 TRIMESTRE

El latido de la música

1 *Escucha e interpreta esta historia.*

Actividad 1: Cuento *El latido de la música*. Disco 1, pista 26. Sonidos del cuento. Disco 1, pista 27. • Contenidos: El pulso.

2 Busca el pulso como se indica, colorea y subraya.

fuerte
suave

fuerte
suave

fuerte
suave

3 Sigue el pulso de la canción y aprende el baile.

De-ba-jo un bo-tón, tón, tón,
que en-con-tró Mar-tín, tín, tín,
ha-bí-a un ra-tón, tón, tón,
¡ay, qué chi-qui-tín, tín, tín!

Actividad 2: Sigue el pulso. Disco 1, pista 28.

Actividad 3: *Debajo un botón.* Disco 1, pista 29.

¿Qué es?

1 Aprende la canción y resuelve la adivinanza. Después, escribe [ ] o [ ].

¿Qué es?: ____________

Actividad 1: *¿Qué es?* Disco 1, pista 30. Base musical. Disco 1, pista 31. • Contenidos: Agudo y grave. El timbre.

2 Escucha y completa con ● o ●.

En las fiestas populares se canta, se baila y se tocan instrumentos típicos que hacen sonidos graves o agudos.

pandero ☐

almirez ☐

zambomba ☐

3 Completa e interpreta con algún objeto sonoro.

Cua-tro ga-tos en un cuar-to,

ca-da ga-to en un rin-cón.

Ca-da ga-to ve tres ga-tos,

a-di-vi-na cuán-tos son.

Actividad 2: Los sonidos de la fiesta. Disco 1, pista 32.

Do, re, mi

1 Aprende la canción y rodea en el dibujo los nombres de las notas.

DO, RE, MI.
¡Qué frío hace aquí!

MI, FA, SOL.
¡Que salga pronto el sol!

SOL, SOL, SOL.
¡Así mucho mejor!

DO, RE, MI, FA, SOL,
LA, SI, DO.

Actividad 1: *Do, re, mi.* Disco 1, pista 33. Base musical. Disco 1, pista 34. • Contenidos: Los nombres de las notas.

2 Encuentra las notas escondidas y completa.

RE

Los nombres de las notas son DO, __, __, __, ___, __, __ y __.

3 Dibuja un instrumento que haga sonidos agudos y otro, graves.

agudo

grave

4 Interpreta con los instrumentos que has dibujado.

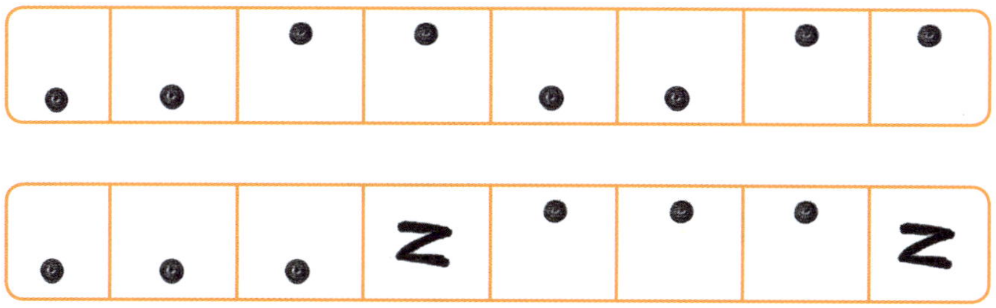

El carnaval de los animales

1 Escucha y une cada animal con su instrumento. Después, rodea los otros instrumentos que hay en el camino.

Actividad 1: *El elefante, Los fósiles* y *Los pájaros* de *El carnaval de los animales*, C. Saint-Saëns. Disco 2, pistas 1, 2 y 3. • Contenidos: Instrumentos de la orquesta.

2 Completa y acompaña con instrumentos de la clase.

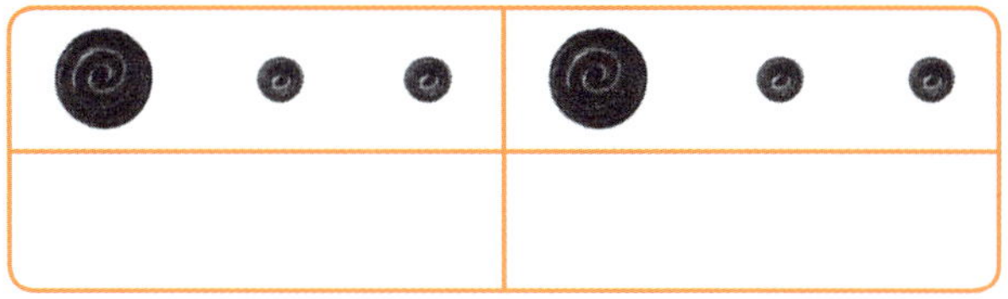

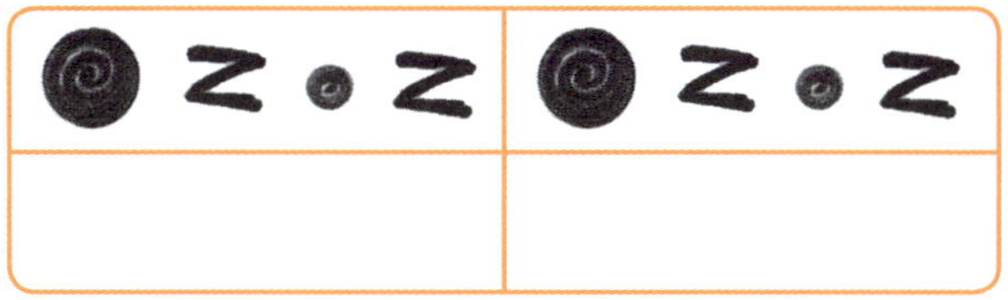

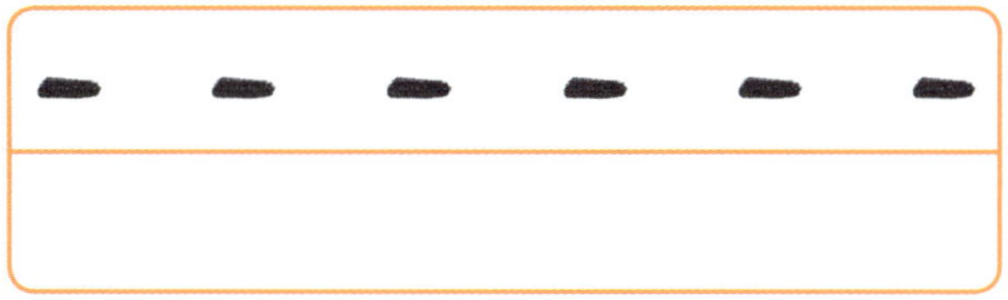

3 Inventa sonidos fuertes y suaves para las siguientes palabras.

e - le - fan - te con - tra - ba - jo

4 Escribe las notas que faltan en las guirnaldas de carnaval.

Actividad 2: *El elefante*, *Los fósiles* y *Los pájaros* de *El carnaval de los animales*, C. Saint-Saëns. Disco 2, pistas 1, 2 y 3.

Paseo en trineo

1 Aprende este baile y canta.

El frío se pasa bailando todos juntos.
Escucha y baila al ritmo de este son.

Actividad 1: *Kerhaus*, fragmento de *Paseo en trineo*, L. Mozart. Disco 2, pista 4. • Contenidos: Música y movimiento.

2 Acompaña la música.

Repetir
3 veces.

Repetir
3 veces.

Repetir
2 veces.

¡Otra vez!

Repetir 2 veces.

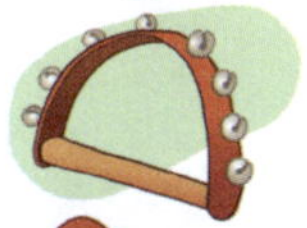

Repetir 1 vez.

Repetir 2 veces.

3 Numera según el orden de audición.

Actividad 2: *Kerhaus*, fragmento de *Paseo en trineo*, L. Mozart. Disco 2, pista 4.

Actividad 3: Instrumentos. Disco 2, pista 5.

Eco, ¿dónde estás?

1 Aprende la canción y colorea los lugares donde hay eco.

Actividad 1: *Eco, ¿dónde estás?* Disco 2, pista 6. Base musical. Disco 2, pista 7. • Contenidos: Forma A-A'.

2 Copia y repite en forma de eco.

Su-bo, ba-jo, qué tra-ba-jo.

Su-bo, ba-jo, qué tra-ba-jo.

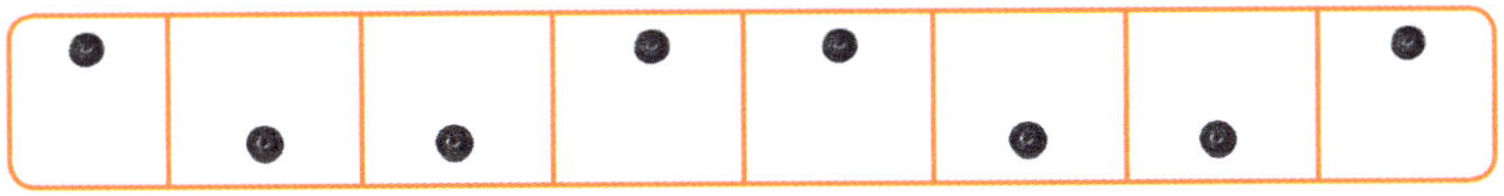

Ba-jo, su-bo, voy se-gu-ro.

Ba-jo, su-bo, voy se-gu-ro.

3 Numera según el orden de audición.

☐ 

☐ 

☐ 

☐ 

Actividad 3: Instrumentos de la orquesta. Disco 2, pista 8.

Danza húngara

1 Descubre cómo cambia el pulso. Después, muévete con la música y canta.

lento

normal

rápido

Sigue el pulso
de esta canción
y escucharás
cómo cambia
la intención.

Muy atento.
Esto está
a punto
de empezar.
Cambia el pulso.
Tú solo tienes
que escuchar.

Actividad 1: Danza húngara n.º 5, J. Brahms. Disco 2, pista 9. • Contenidos: Lento, normal y rápido.

2 Escucha y completa con lento, normal o rápido.

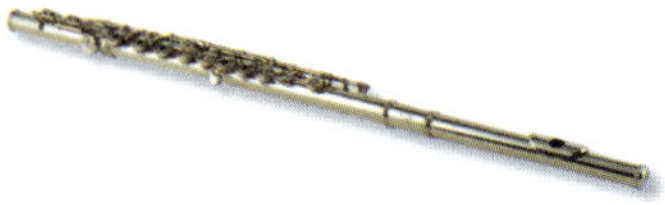

3 Une con flechas y practica en forma de eco.

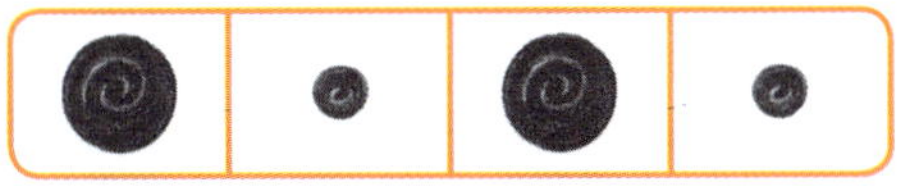

El ca - ra - col

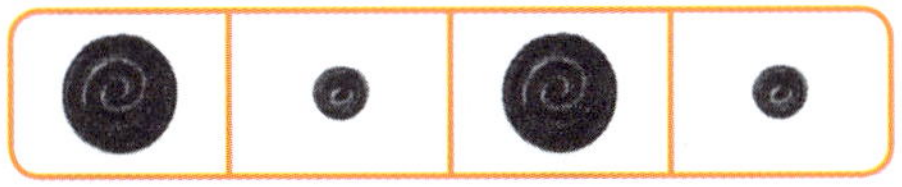

es muy len - to.

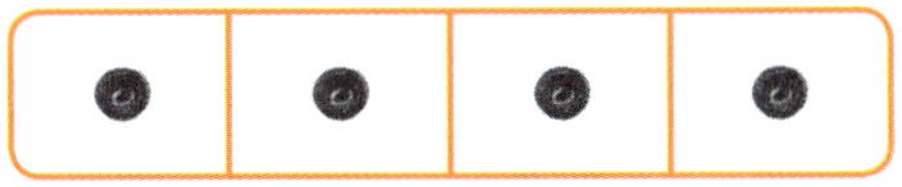

Ra - pi - di - to el

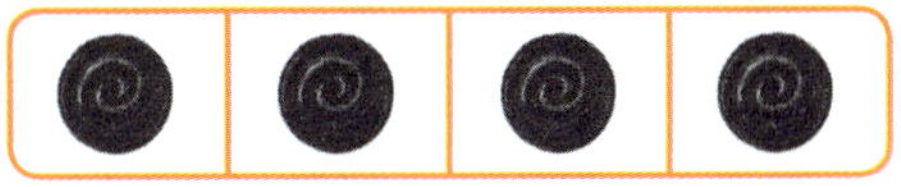

co - che - ci - to.

Yo al ca - mi - nar

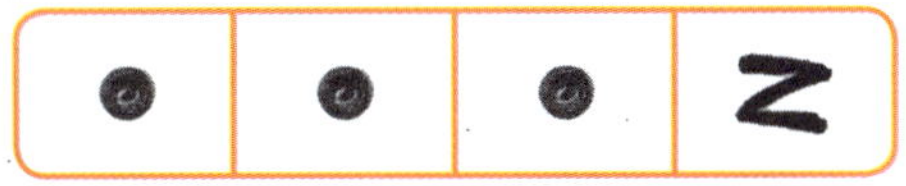

voy nor - mal.

Actividad 2: Lento, normal y rápido. Disco 2, pista 10.

La negra y su silencio

1 Escucha y aprende esta canción. Después, busca en el dibujo cinco negras y cinco silencios de negra.

Un palito para abajo
y después un redondel.
Lo relleno con cuidado,
tengo una negra. ¡Qué bien!

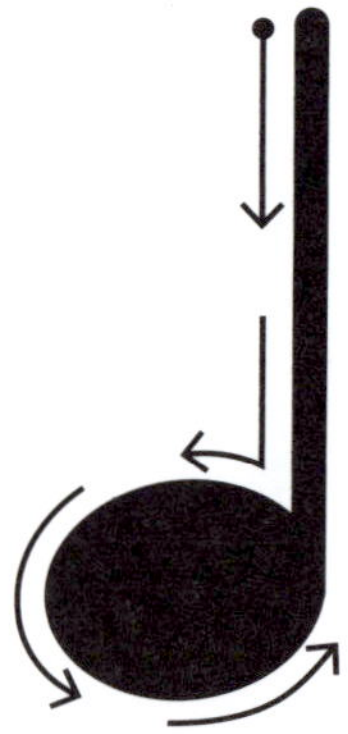

negra

El silencio, si es de negra,
es muy fácil de pintar.
Una zeta es lo primero
y una curva al terminar.

silencio de negra

Actividad 1: *La negra y su silencio.* Disco 2, pista 11. Base musical. Disco 2, pista 12. • Contenidos: La negra y el silencio de negra.

2 Copia y acompaña la canción.

♩ 𝄽 𝄽 𝄽	♩ 𝄽 𝄽 𝄽

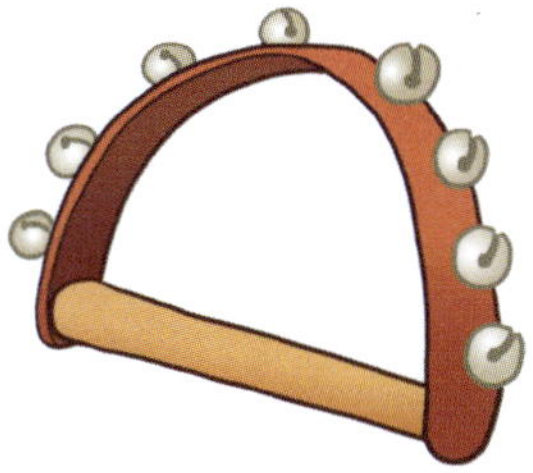

𝄽 𝄽 ♩ 𝄽	𝄽 𝄽 ♩ 𝄽

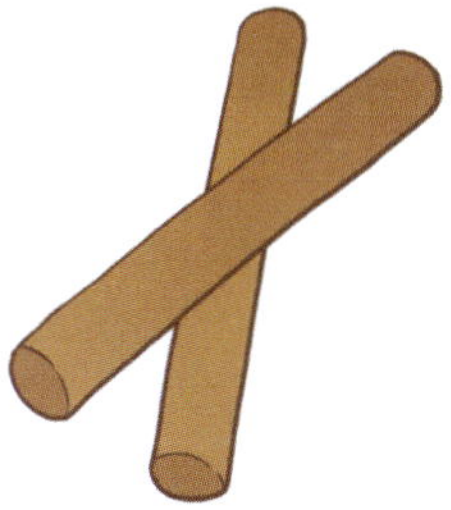

♩ ♩ ♩ 𝄽	♩ ♩ ♩ 𝄽

♩ 𝄽 ♩ 𝄽	♩ 𝄽 ♩ 𝄽

3 Interpreta con diferentes velocidades.

lento normal rápido

♩	♩	♩	♩	♩	♩	♩	♩
Por	la	ca -	lle	del	Se -	rru -	cho

♩	♩	♩	♩	♩	♩	♩	♩
u -	na	ne -	gra	co -	rre	mu -	cho,

♩	♩	♩	♩	♩	♩	♩	𝄽
per -	si -	guien -	do	sin	pa -	rar	

♩	𝄽	♩	𝄽	♩	𝄽	♩	𝄽
al		si	-	len	-	cio.	

Actividad 2: Base musical. Disco 2, pista 12.

No le daba el sol

1 Aprende la canción y acompaña con palmas. Después, busca en el dibujo cinco negras y cinco silencios de negra.

No le da-ba el sol
ni le da-ba la lu-na.
No le da-ba el sol
de la bue-na for-tu-na.

De la buena fortuna
traigo el sombrero,
como la mi morena
la cinta al pelo.

Actividad 1: *No le daba el sol.* Disco 2, pista 13. Base musical. Disco 2, pista 14. • Contenidos: Repaso.

2 Escucha la canción y sigue el musicograma.

3 Copia y acompaña la canción.

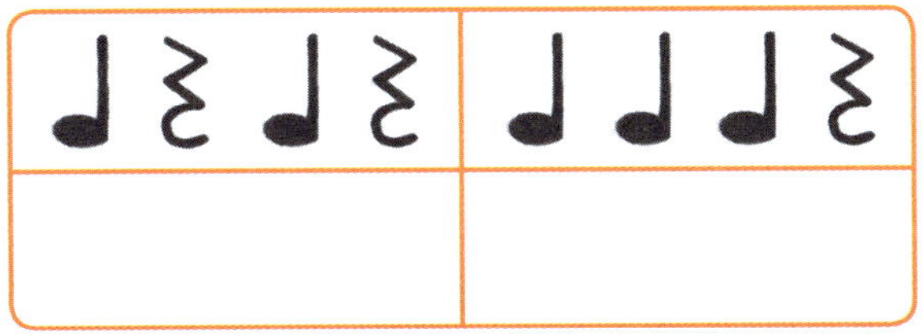

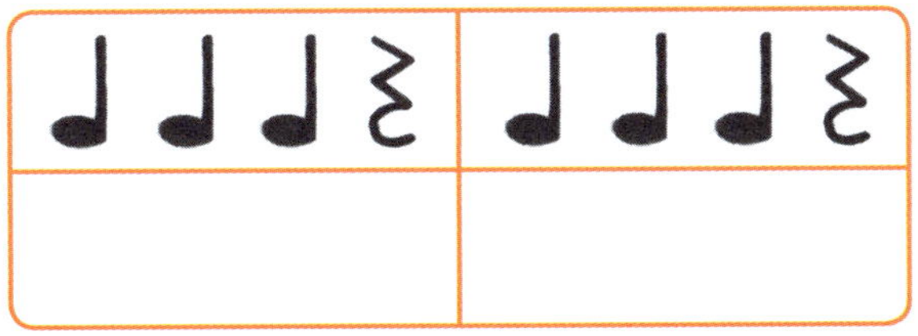

4 Rodea los instrumentos que suenan en la canción y escribe sus nombres.

flauta	violín	trompeta
piano	claves	contrabajo

Actividades 2 y 3: *No le daba el sol.* Disco 2, pista 13.

Actividad 4: *No le daba el sol.* Disco 2, pista 13.

3 TRIMESTRE

La escala musical

1 Escucha el cuento y aprende la escala musical.

Actividad 1: Cuento *La escala musical.* Disco 2, pista 15. Sonidos del cuento. Disco 2, pista 16. • Contenidos: La escala musical. Ascendente y descendente.

2 Numera según el orden de audición.

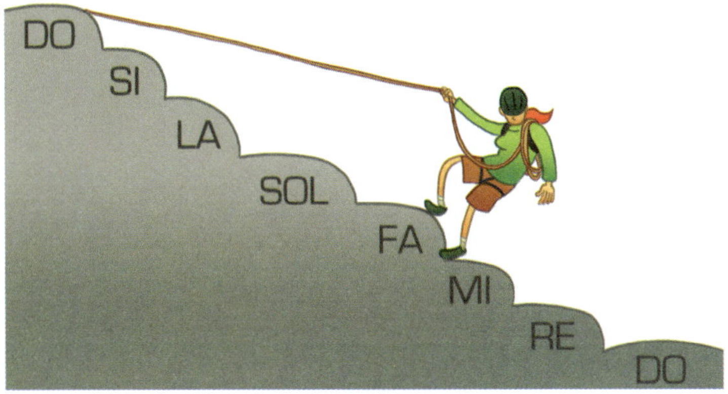

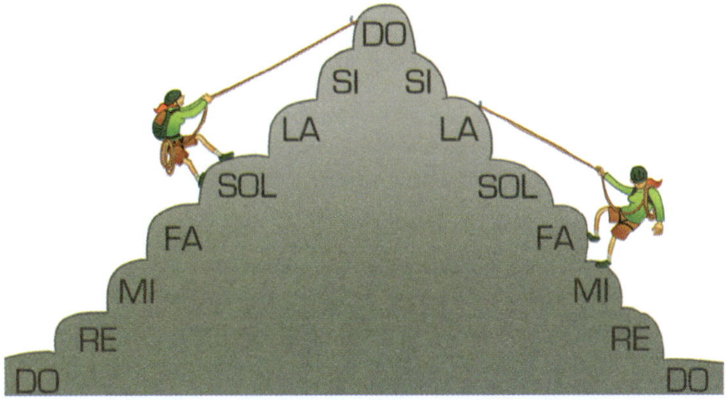

3 Repasa las negras y sus silencios e interpreta.

Fuerte:

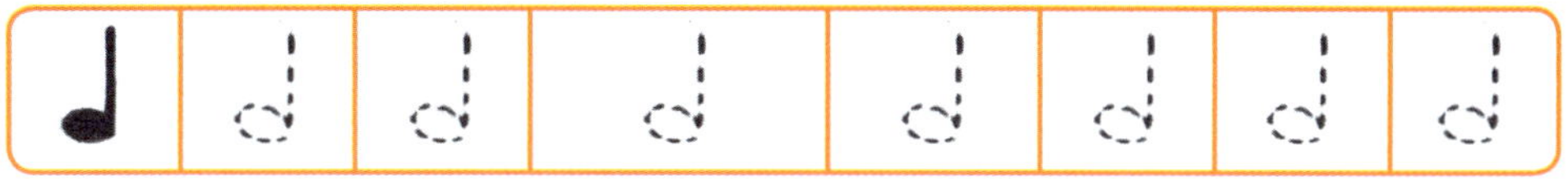

U - na ne - gra en un tran - ví - a

muy a - le - gre se re - í - a.

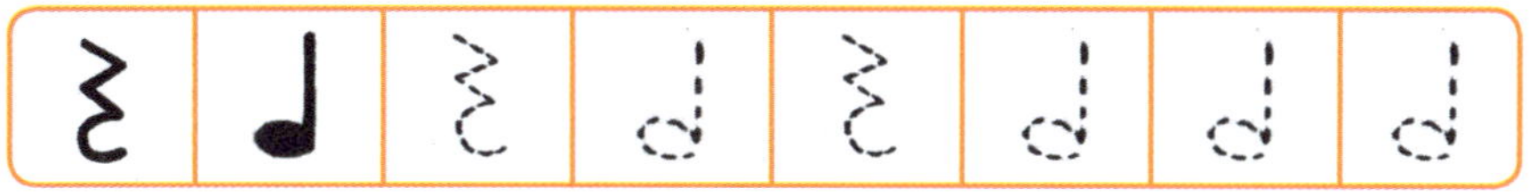

¡Ja! ¡Ja! ¡Ja, ja, ja!

Suave:

Más ba - ji - to, por fa - vor,

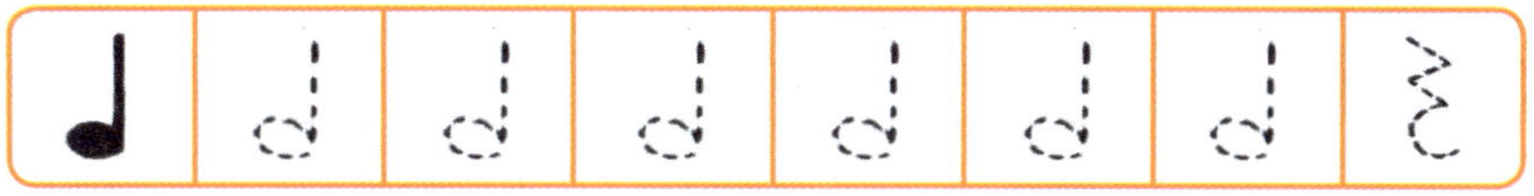

le pi - dió el con-duc-tor.

Actividad 2: Escalas ascendentes y descendentes. Disco 2, pista 17.

La clave de sol

1 Aprende la canción y encuentra las claves de sol escondidas en el dibujo.

La clave de sol
bailaba este son
volando en unos patines.

clave de sol

Actividad 1: *La clave de sol.* Disco 2, pista 18. Base musical. Disco 2, pista 19. • Contenidos: La clave de sol.

2 Escucha y completa con el nombre de las notas.

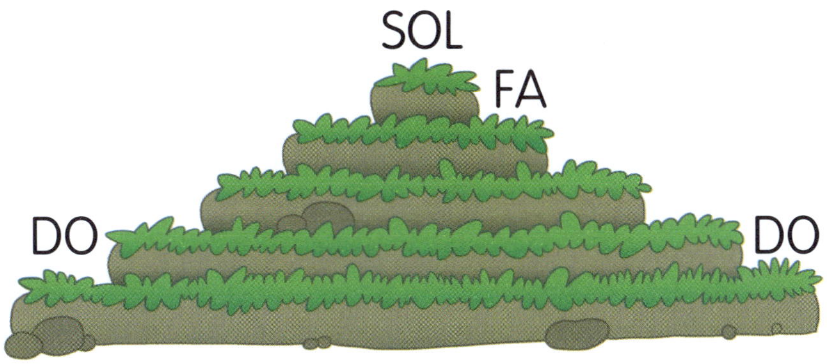

3 Practica la clave de sol.

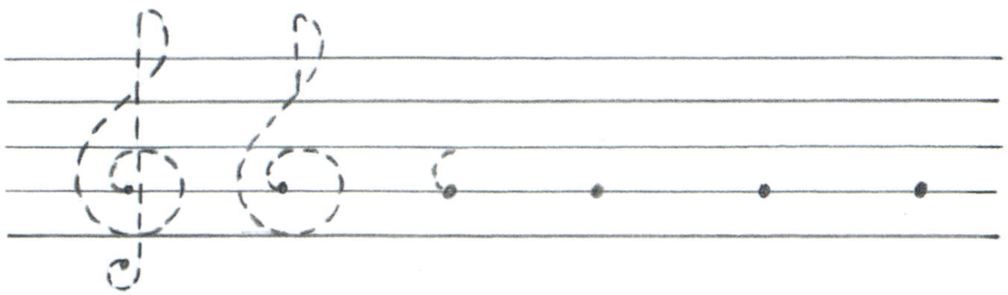

4 Escucha y completa con ascendente o descendente.

Actividad 2: Los nombres de las notas. Disco 2, pista 20.

Actividad 4: Ascendente y descendente. Disco 2, pista 21.

El desfile musical

1 Escucha la música y descubre qué instrumentos suenan.

clarinete

violín

trompeta

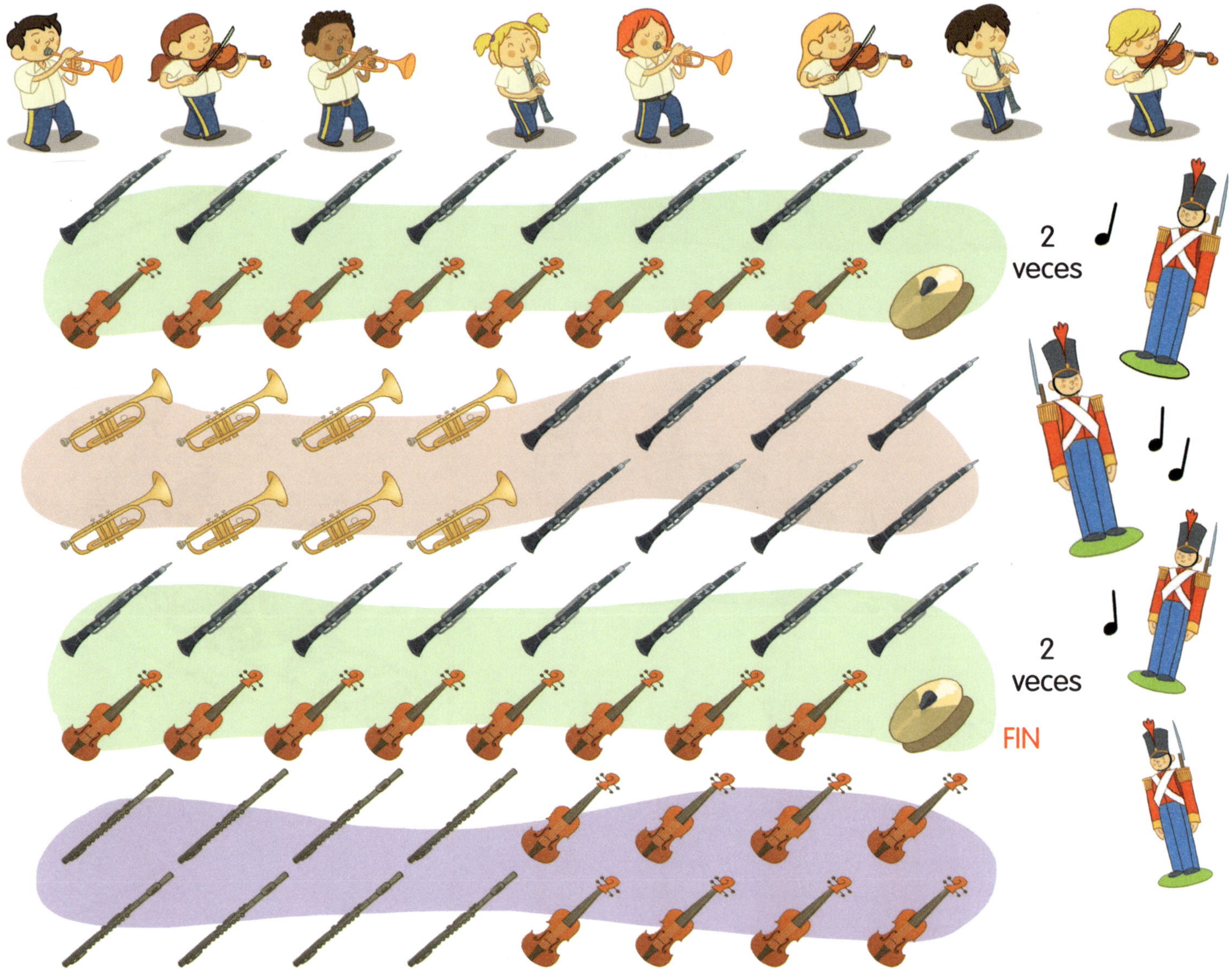

Repetir todo hasta FIN.

Actividad 1: Marcha de *El cascanueces*, P. I. Chaikovski. Disco 2, pista 22. • Contenidos: Audición activa con musicograma.

2 Acompaña la audición como se indica.

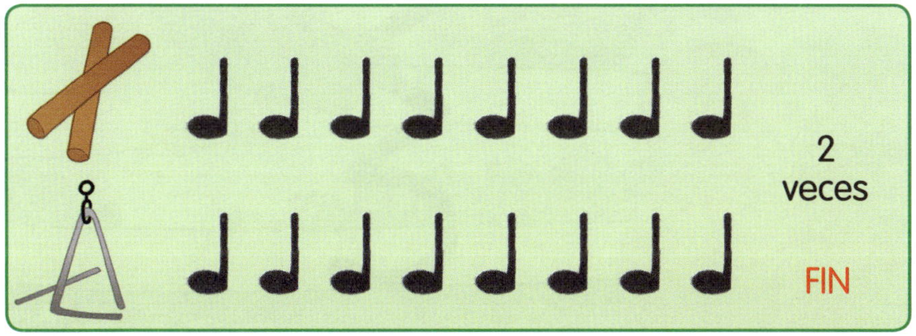

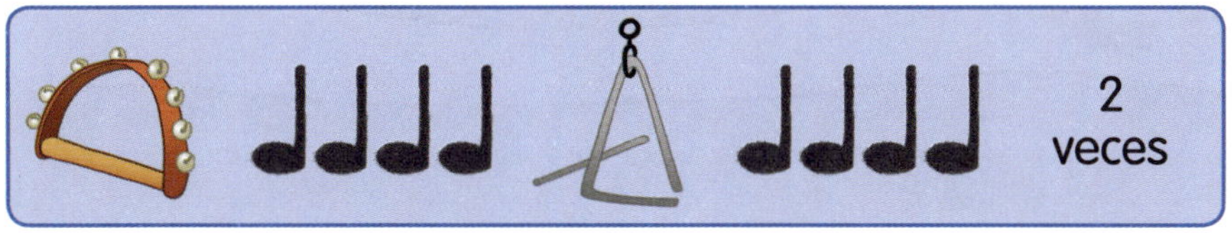

Repetir todo hasta FIN.

3 Resuelve la adivinanza y dibuja.

Al principio del pentagrama estoy,
desde la segunda línea voy,
subiendo hacia arriba
como un caracol,
bajando hasta el suelo...
¿Sabes quién soy?

La ______________.

Actividad 2: Marcha de *El cascanueces*, P. I. Chaikovski. Disco 2, pista 22.

El pentagrama

1 Colorea las ramas que forman el pentagrama y aprende la canción.

Actividad 1: *El pentagrama.* Disco 2, pista 23. Base musical. Disco 2, pista 24. • Contenidos: El pentagrama.

2 Lee y completa.

En el P ___ ___ ___ ___ ___ ___ ___ ___ A

DO, RE,
MI, FA...

se escriben las N ___ ___ ___ S.

Unas están en las L ___ ___ ___ ___ S

y otras, en los E ___ ___ ___ ___ ___ ___ S.

3 Colorea de 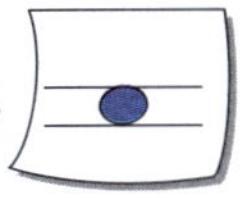 o .

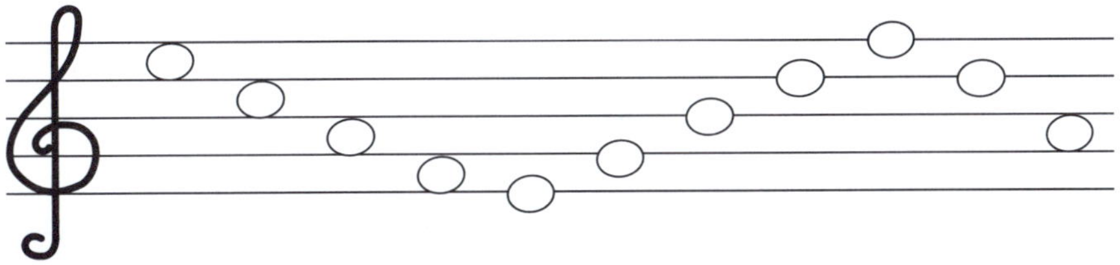

4 Escribe el nombre del instrumento que suena.

X ___ ___ ___ ___ ___ ___ ___

C ___ ___ ___ ___ ___ ___ ___ ___ ___

F ___ ___ ___ ___ ___

V ___ ___ ___ ___ ___

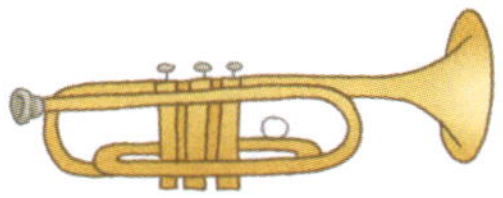

T ___ ___ ___ ___ ___ ___ ___

C ___ ___ ___ ___ ___ ___ ___ ___

Actividad 4: Instrumentos. Disco 2, pista 25.

Fiesta en la granja

1 Aprende la canción. Después, colorea los animales que intervienen en ella.

Actividad 1: *Fiesta en la granja.* Disco 2, pista 26. Base musical. Disco 2, pista 27. • Contenidos: Onomatopeyas de animales.

2 Repasa y aprende el sonido de cada animal.

hiii haaa

guau, guau

quiquiriquí

cua, cua

muuu

beee

pío, pío

oink, oink

3 Lee esta rima y adivina. Después, dibuja el palacio de la adivinanza.

Tengo cinco líneas.
Tengo cuatro espacios.
Tengo mucha música
escrita en mi palacio.

Soy el ______________.

El baile popular

1 Aprende la canción y baila.

Apoyando en la cintura
las dos manos, bailaremos
esta danza popular.

Colocando los pies juntos
y girando, con la espalda
muy erguida al caminar.

Así, así, así
se aprende el baile
de cada lugar.

Salgamos a bailar,
la fiesta popular
va a comenzar.

Actividad 1: *El baile popular.* Disco 2, pista 28. Base musical. Disco 2, pista 29. • Contenidos: Música y movimiento. Músicas del repertorio tradicional.

2 Descubre de dónde son estos trajes.

En las fiestas populares,
la gente viste el traje típico
de cada región.

Madrid

Aragón

Andalucía

Galicia

3 Completa la historia con los sonidos de cada animal.

muuu quiquiriquí guau miau

Vamos de acampada

1 Sigue el camino que indican los sonidos y descubre la palabra escondida.

Actividad 1: Vamos de acampada. Disco 2, pista 30. • Contenidos: Sonidos del entorno.

2 Interpreta esta historia con tu voz y con instrumentos.

Esa noche yo estaba
muy nervioso
y mi padre me...

una canción para
que me durmiera.
Por la mañana, sonó el...

y me fui
corriendo a la...

Mi madre me
preparó un...

y me lo...

rápidamente, porque
mi padre ya
estaba en el...

.

3 Copia los ritmos e interpreta.

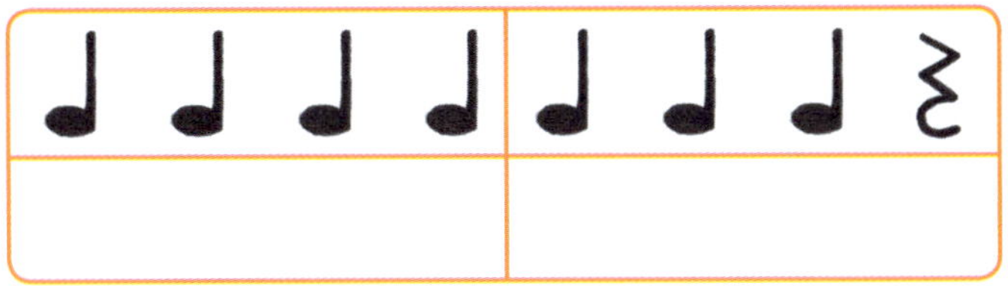

¡Pí-o, pí - o, pí -o, pi!

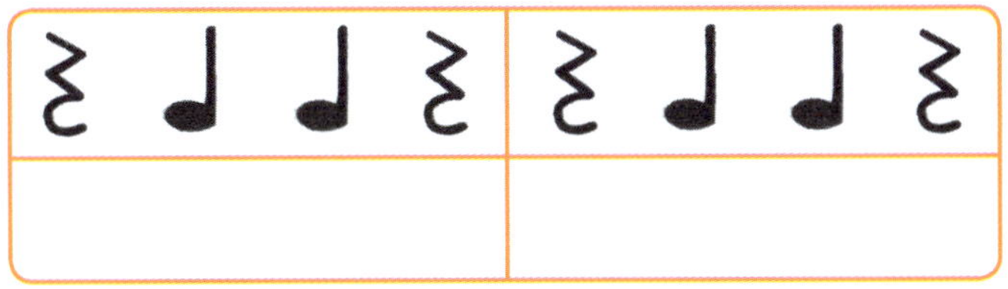

¡Hiii haaa! ¡Hiii haaa!

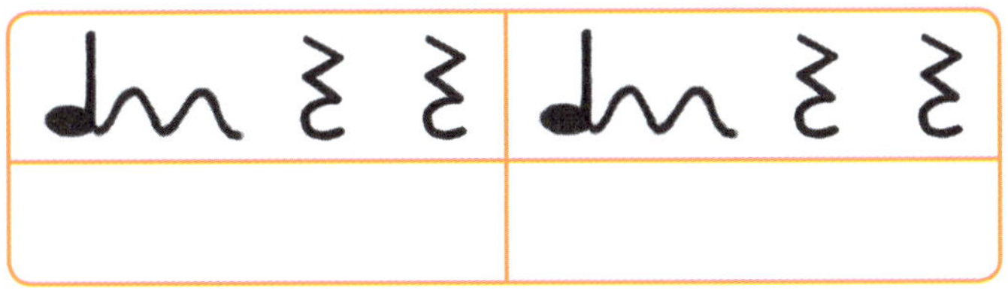

¡Muuu, muuu!

¡Guau, guau, guau!

El amor de las tres naranjas

1 Escucha y sigue la historia.

Actividad 1: Narración y fragmento de *El amor de las tres naranjas*, S. Prokofiev. Disco 2, pista 31. • Contenidos: Sonorizar una historia.

2 Acompaña la historia como se indica.

3 Escucha y completa con los títulos de las audiciones.

¿E_ _ _, D_ _ _ _ E_ _ _ _?

L_ N_ _ _ _ Y SU S_ _ _ _ _ _ _

L_ C_ _ _ _ DE S_ _

E_ P_ _ _ _ _ _ _ _

Actividad 2: Fragmento de *El amor de las tres naranjas,* S. Prokofiev. Disco 2, pista 32.

Actividad 3: Recordamos. Disco 2, pista 33.

Don Melitón

1 Aprende la canción y acompaña como se indica.

1 

2 

3 

4 

1
Don Melitón
2 3
tenía tres gatos,
4 1
y los hacía
2 3
bailar en un plato,
4 1
y por las noches
2 3
les daba turrón.
4 1
¡Que vivan los gatos
2 3
de don Melitón!

Actividad 1: *Don Melitón*. Disco 2, pista 34. Base musical. Disco 2, pista 35. • Contenidos: Repaso.

2 Recorre el camino hasta llegar a la META.

Glosario

Sonido

Silencio

Fuerte

Suave

Largo
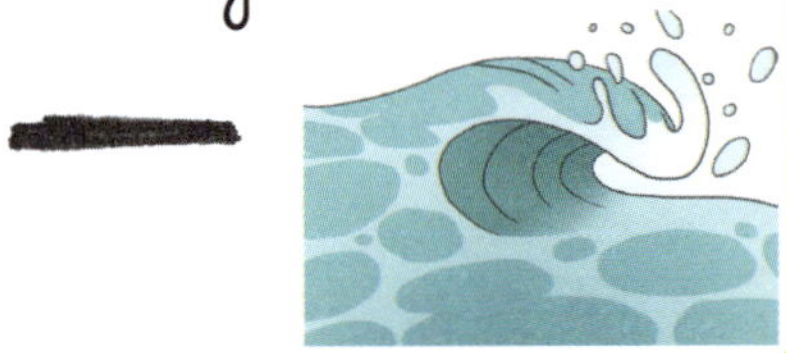

Corto

Agudo

Grave

Pulso

Lento

Normal

Rápido

Negra

Silencio de negra

Clave de sol

Pentagrama
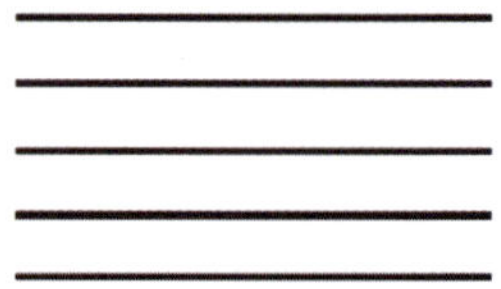

Notas musicales

escala ascendente — escala descendente

Xilófono

Pandero

Triángulo

Maracas

Cascabeles

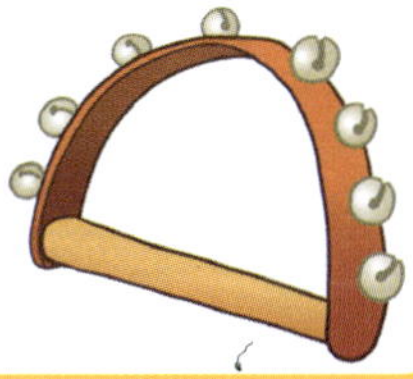

Claves

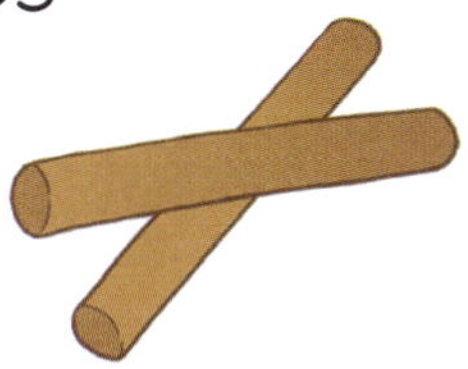

Violín

Piano

Contrabajo

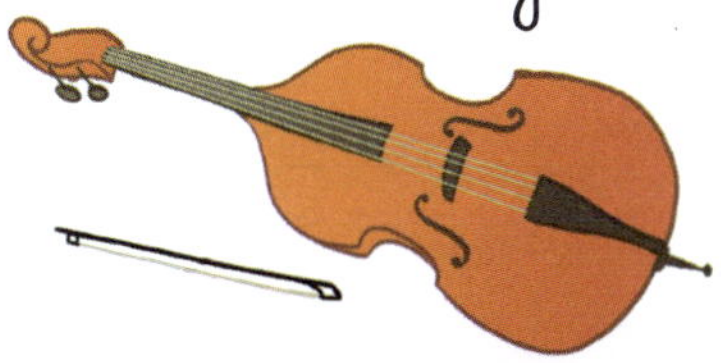

Clarinete

Trompeta

Flauta

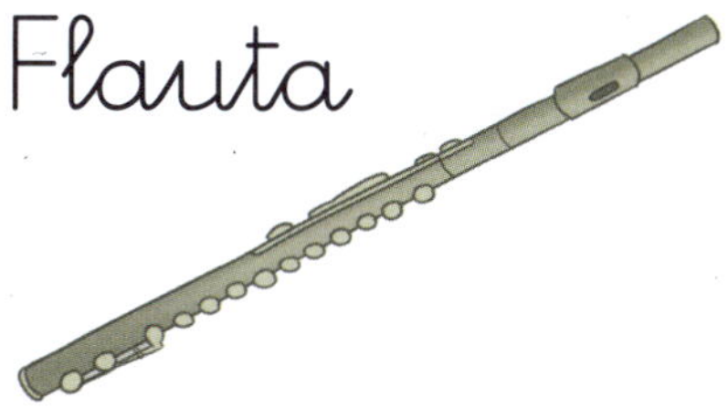

Pentagramas y ritmogramas

Dirección de arte: José Crespo.

Proyecto gráfico: Pep Carrió.

Ilustración de portada: Max.

Jefa de proyecto: Rosa Marín.
Coordinación de ilustración: Carlos Aguilera.
Jefe de desarrollo de proyecto: Javier Tejeda.
Desarrollo gráfico: José Luis García, Jorge Gómez, Rosa Barriga y Raúl de Andrés.

Dirección técnica: Ángel García.

Coordinación técnica: Ángeles Bárzano.
Confección y montaje: Marisa Valbuena.
Corrección: Cristina Durán.
Documentación y selección fotográfica: Rebeca Crespo.

Fotografía: C. Contreras; P. Anca; COVER; HIGHRES PRESS STOCK/AbleStock.com; REAL MUSICAL, MADRID; SERIDEC PHOTOIMAGENES CD; ARCHIVO SANTILLANA.

Este libro del alumno se complementa con un CD de audio cuyo contenido es objeto de análisis, comentario o juicio crítico, con fines exclusivamente docentes y educativos, de acuerdo con la explotación contenida en las correspondientes sesiones. El CD se distribuye de manera conjunta e inseparable con el libro del alumno, quedando prohibida su difusión separada o con fines distintos de los indicados.